ISBN 3-219-11105-X
Alle Rechte vorbehalten
Umschlag und Illustrationen von Carola Holland
Herausgegeben von Irmgard Harrer
Gesetzt nach der neuen Rechtschreibung
Copyright © 2003 by Annette Betz Verlag
im Verlag Carl Ueberreuter, Wien – München
Printed in Austria
7 6 5 4 3 2 1

Annette Betz im Internet: www.annettebetz.com

Wir danken folgendem Verlag für die freundliche Abdruckgenehmigung von:

IM MÄRZEN DER BAUER,
Textfassung von Walther Hensel, aus: Bruder Singer, BA 1250, © by Bärenreiter-Verlag, Kassel

Sollten wir trotz gewissenhafter Suche einen der Rechteinhaber nicht berücksichtigt haben, bitten wir diesen, sich mit dem Verlag in Verbindung zu setzen.

Summ, summ,
Sonnenschein

Das große Buch der Kinderlieder

Illustriert von Carola Holland

ANNETTE BETZ

Inhalt

Guten Abend, gut' Nacht

Der Mond ist aufgegangen

Der Mond ist auf - ge - gan - gen, die gold - nen Stern - lein

pran - gen am Him - mel hell und klar, der

Wald steht schwarz und schwei - get und aus den Wie - sen

stei - get der wei - ße Ne - bel wun - der - bar.

2. Wie ist die Welt so stille
   Und in der Dämmrung Hülle
   So traulich und so hold
   Als eine stille Kammer,
   Wo ihr des Tages Jammer
   Verschlafen und vergessen sollt.

3. So legt euch denn, ihr Brüder,
   In Gottes Namen nieder,
   Kalt ist der Abendhauch.
   Verschon uns Gott mit Strafen
   Und lass uns ruhig schlafen,
   Und unsern kranken Nachbar auch.

Text: Matthias Claudius
Melodie: Johann A. P. Schulz

Guten Abend, gut' Nacht

Gu - ten A - bend, gut' Nacht! Mit Ro - sen be -
dacht, mit Näg-lein be - steckt schlüpf un - ter die
Deck'! Mor - gen früh, wenn Gott will, wirst du
1. wie - der ge - weckt, 2. wie - der ge - weckt.

2. Guten Abend, gut' Nacht!
   Von Englein bewacht,
   Die zeigen im Traum
   Dir Christkindleins Baum.
   Schlaf nur selig und süß,
   Schau im Traum 's Paradies.

Text: 1. Strophe Volkslied, 2. Strophe von Gottlieb Scherer
Melodie: Johannes Brahms

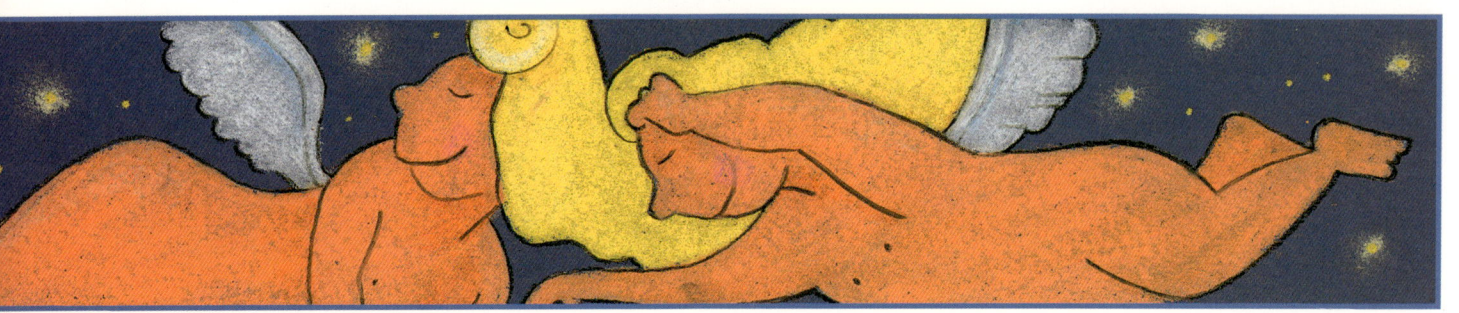

Ich geh mit meiner Laterne

1.–3. Ich geh mit mei-ner La-ter-ne und
Dort o-ben leuch-ten die Ster-ne, hier

mei-ne La-ter-ne mit mir. 1. Mein Licht ist schön, könnt
un-ten leuch-ten wir.

ihr es sehn? La-bim-mel, la-bam-mel, la-bum.

2. Ich trag mein Licht
   Und fürcht mich nicht.
   Labimmel, labammel, labum.

3. Mein Licht ist aus,
   Wir gehn nach Haus.
   Labimmel, labammel, labum.

Text und Melodie: aus Norddeutschland

Laterne, Laterne

La - ter - ne, La - ter - ne, Son - ne, Mond und Ster - ne, bren - ne auf, mein Licht, bren - ne auf, mein Licht, a - ber nur mei - ne lie - be La - ter - ne nicht.

Text und Melodie: aus Norddeutschland

Schlaf, Kindchen, schlaf!

Schlaf, Kind-chen, schlaf! Der Va-ter hüt't die Schaf', die
Mut-ter schüt-telt 's Bäu-me-lein, da fällt he-rab ein
Träu-me-lein. Schlaf, Kind-chen, schlaf!

2. Schlaf, Kindchen, schlaf!
   Am Himmel ziehn die Schaf',
   Die Sternlein sind die Lämmerlein,
   Der Mond, der ist das Schäferlein.
   Schlaf, Kindchen, schlaf!

3. Schlaf, Kindchen, schlaf!
   So schenk ich dir ein Schaf
   Mit einer goldnen Schelle fein,
   Das soll dein Spielgeselle sein.
   Schlaf, Kindchen, schlaf!

Text: Johann Heinrich Campe
Melodie: Johann Friedrich Reichardt

Weißt du, wie viel Sternlein stehen

Weißt du, wie viel Stern-lein ste-hen an dem blau-en Him-mels-zelt?
Weißt du, wie viel Wol-ken ge-hen weit-hin ü-ber al-le Welt?

Gott, der Herr, hat sie ge-zäh-let, dass ihm

auch nicht ei-nes feh-let, an der gan-zen gro-ßen

Zahl,__ an der gan-zen gro-ßen Zahl.

2. Weißt du, wie viel Mücklein spielen
   In der heißen Sonnenglut,
   Wie viel Fischlein auch sich kühlen
   In der hellen Wasserflut?
   Gott, der Herr, rief sie mit Namen,
   Dass sie all ins Leben kamen,
   Dass sie nun so munter sind,
   Dass sie nun so munter sind.

3. Weißt du, wie viel Kinder frühe
   Stehn aus ihren Bettlein auf,
   Dass sie ohne Sorg und Mühe
   Fröhlich sind im Tageslauf?
   Gott im Himmel hat an allen
   Seine Lust, sein Wohlgefallen,
   Kennt auch dich und hat dich lieb,
   Kennt auch dich und hat dich lieb.

Text: Wilhelm Hey
Melodie: volkstümlich

Alle Vögel sind schon da

Ein Vogel wollte Hochzeit machen

Ein Vo-gel woll-te Hoch-zeit ma-chen in dem grü-nen Wal - de. Fi - di -

ra - la - la, fi - di - ra - la - la, fi - di - ra - la - la - la - la!

2. Die Drossel ist der Bräutigam,
   Die Amsel ist die Braute.

3. Der Sperber, der Sperber,
   Der ist der Hochzeitswerber.

4. Der Seidenschwanz, der Seidenschwanz,
   Der bringt der Braut den Hochzeitskranz.

5. Die Lerche, die Lerche,
   Die bringt die Braut zur Kerche.

6. Der Auerhahn, der Auerhahn,
   Der ist der würd'ge Herr Kaplan.

7. Die Gänse und die Anten,
   Das sind die Musikanten.

8. Der Pfau mit seinem bunten Schwanz,
   Der führt die Braut zum Hochzeitanz.

9. Brautmutter ist die Eule,
   Nimmt Abschied mit Geheule.

10. Frau Kratzefuß, Frau Kratzefuß
    Gibt allen einen Abschiedskuss.

11. Der Uhu, der Uhu,
    Der macht die Fensterläden zu.

12. Der Hahn, der krähet: »Gute Nacht!«
    Dann wird die Kammer zugemacht.

13. Nun ist die Vogelhochzeit aus,
    Und alle ziehn vergnügt nach Haus.

Alle Vögel sind schon da

Al - le Vö - gel sind schon da, al - le Vö - gel,
al - le. Welch ein Sin - gen, Mu - si - ziern,
Pfei - fen, Zwit-schern, Ti - ri - liern: Früh - ling will nun
ein - mar - schiern, kommt mit Sang und Schal - le.

2. Wie sie alle lustig sind,
   Flink und froh sich regen.
   Amsel, Drossel, Fink und Star
   Und die ganze Vogelschar
   Wünschen dir ein frohes Jahr,
   Lauter Heil und Segen.

3. Was sie uns verkünden nun,
   Nehmen wir zu Herzen:
   Wir auch wollen lustig sein,
   Lustig wie die Vögelein
   Hier und dort, feldaus, feldein,
   Singen, springen, tanzen.

Text: Heinrich Hoffmann von Fallersleben
Melodie: Marie Nathusius

Kommt ein Vogel geflogen

Kommt ein Vo-gel ge - flo-gen, setzt sich nie-der auf mein' Fuß, hat ein'

Zet - tel im Schna - bel, von der Mut - ter ein' Gruß.

2. Lieber Vogel, flieg weiter,
   Nimm ein' Gruß mit und ein' Kuss,
   Denn ich kann dich nicht begleiten,
   Weil ich hier bleiben muss.

Text: Adolf Bäuerle
Musik: Wenzel Müller

25

Alle meine Entchen

Al - le mei - ne Ent - chen schwim-men auf dem See,

schwim - men auf dem See, Köpf - chen un - ters

Was - ser, Schwänz - chen in die Höh'.

Text und Melodie: aus dem Nassauischen

Kuckuck, Kuckuck

»Ku-ckuck!«, »Ku-ckuck!«, ruft's aus dem Wald.

Las - set uns sin - gen, tan - zen und sprin - gen!

Früh - ling, Früh - ling wird es nun bald.

2. Kuckuck, Kuckuck lässt nicht sein Schrein.
   Kommt in die Felder, Wiesen und Wälder!
   Frühling, Frühling, stelle dich ein!

3. Kuckuck, Kuckuck, trefflicher Held!
   Was du gesungen, ist dir gelungen:
   Winter, Winter räumet das Feld.

Text: Heinrich Hoffmann von Fallersleben
Melodie: aus Österreich

Der Kuckuck und der Esel

Der Ku - ckuck und der E - sel, die hat - ten ei - nen Streit, wer_ wohl am bes - ten sän - ge, wer_ wohl am bes - ten sän - ge zur schö - nen Mai - en - zeit,_____ zur schö - nen Mai - en - zeit.

2. Der Kuckuck sprach: »Das kann ich!«
   Und fing gleich an zu schrein.
   »Ich aber kann es besser, ich aber kann es besser«,
   Fiel gleich der Esel ein, fiel gleich der Esel ein.

3. Das klang so schön und lieblich,
   So schön von fern und nah.
   Sie sangen alle beide, sie sangen alle beide
   »Kuckuck, kuckuck, i-a, kuckuck, kuckuck, i-a.«

Text: Heinrich Hoffmann von Fallersleben
Melodie: Carl Friedrich Zelter

Auf einem Baum ein Kuckuck saß

Auf ei - nem Baum ein Ku - ckuck,
sim - sa - la - bim bam - ba, sa - la - du, sa - la -
dim, auf ei - nem Baum ein Ku - ckuck saß.

2. Es regnet' sehr und er ward,
   Simsalabim bamba, saladu, saladim,
   Es regnet' sehr und er ward nass.

3. Da kam der liebe Sonnen-,
   Simsalabim bamba, saladu, saladim,
   Da kam der liebe Sonnenschein.

4. Da ward der Kuckuck hübsch und,
   Simsalabim bamba, saladu, saladim,
   Da ward der Kuckuck hübsch und fein.

Text und Melodie: aus dem Rheinland

Es klappert die Mühle am rauschenden Bach

Es klap-pert die Müh-le am rau-schen-den Bach, klipp klapp! Bei Tag und bei Nacht ist der Mül-ler stets wach, klipp klapp! Er mah-let das Korn zu dem kräf-ti-gen Brot und ha-ben wir die-ses, so hat's kei-ne Not. Klipp klapp! Klipp klapp! Klipp klapp!

2. Flink laufen die Räder und drehen den Stein, klipp klapp!
   Und mahlen den Weizen zu Mehl uns so fein, klipp klapp!
   Der Bäcker dann Zwieback und Kuchen draus bäckt,
   Der immer den Kindern besonders gut schmeckt.
   Klipp klapp! Klipp klapp! Klipp klapp!

3. Wenn reichliche Körner der Acker uns trägt, klipp klapp!
   Die Mühle dann flink ihre Räder bewegt, klipp klapp!
   Und schenkt uns der Himmel nur immer das Brot,
   So sind wir geborgen und leiden nicht Not.
   Klipp klapp! Klipp klapp! Klipp klapp!

Text: Ernst Anschütz
Melodie: volkstümlich

Kein schöner Land

Kein schö - ner Land in die - ser Zeit wo wir uns
als hier das uns - re weit und breit,

fin - den wohl un - ter Lin - den zur A - bend - zeit, wo wir uns

fin - den wohl un - ter Lin - den zur A - bend - zeit.

2. Da haben wir so manche Stund
   Gesessen da in froher Rund:
   Und taten singen;
   Die Lieder klingen
   Im Eichengrund.

3. Dass wir uns hier in diesem Tal
   Noch treffen so viel hundert Mal:
   Gott mag es schenken,
   Gott mag es lenken,
   Er hat die Gnad.

4. Nun, Brüder, eine gute Nacht,
   Der Herr im hohen Himmel wacht!
   In seiner Güten
   Uns zu behüten
   Ist er bedacht.

Text: Wilhelm von Zuccalmaglio
Melodie: volkstümlich

Im Märzen der Bauer

Im Mär-zen der Bau-er die Röss-lein ein-spannt; er

setzt sei-ne Fel-der und Wie-sen in-stand; er

pflü-get den Bo-den, er eg-get und sät und

rührt sei-ne Hän-de früh-mor-gens und spät.

2. Die Bäurin, die Mägde, sie dürfen nicht ruhn;
   Sie haben im Haus und im Garten zu tun;
   Sie graben und rechen und singen ein Lied
   Und freun sich, wenn alles schön grünet und blüht.

3. So geht unter Arbeit das Frühjahr vorbei,
   Da erntet der Bauer das duftende Heu;
   Er mäht das Getreide, dann drischt er es aus:
   Im Winter, da gibt es manch fröhlichen Schmaus.

Text: Walther Hensel, Melodie: aus Mähren
© by Bärenreiter-Verlag, Kassel

Es tönen die Lieder

Es tö - nen die Lie - der, der Früh - ling kehrt wie - der, es spie - let__ der__ Hir - te auf sei - ner__ Schal - mei: la la la la la la la la__ la la la la la la la la.

Kanon zu 3 Stimmen

Ich bin ein Musikante

Das Wandern ist des Müllers Lust

Das Wan-dern ist des Mül-lers Lust, das Wan-dern ist des Mül-lers Lust, das Wan-dern! Das muss ein schlech-ter Mül-ler sein, dem nie-mals fiel das Wan-dern ein, dem nie-mals fiel das Wan-dern ein, das Wan-dern, Wan-dern, das Wan- - - - -dern, das Wan- - - - - -dern, das Wan-dern, das Wan-dern, das Wan- - dern.

2. Vom Wasser haben wir's gelernt,
   Vom Wasser haben wir's gelernt, vom Wasser.
   Das hat nicht Ruh' bei Tag und Nacht,
   Ist stets auf Wanderschaft bedacht,
   Ist stets auf Wanderschaft bedacht, das Wasser.

3. Das sehn wir auch den Rädern ab,
   Das sehn wir auch den Rädern ab, den Rädern.
   Die gar nicht gerne stille stehn
   Und sich am Tag nicht müde drehn,
   Und sich am Tag nicht müde drehn, die Räder.

4. Die Steine selbst, so schwer sie sind,
   Die Steine selbst, so schwer sie sind, die Steine.
   Sie tanzen mit den muntern Reih'n
   Und wollen gar noch schneller sein,
   Und wollen gar noch schneller sein, die Steine.

5. O Wandern, Wandern, meine Lust,
   O Wandern, Wandern, meine Lust, o Wandern!
   Herr Meister und Frau Meisterin,
   Lasst mich in Frieden weiterziehn,
   Lasst mich in Frieden weiterziehn und wandern.

Text: Wilhelm Müller
Melodie: Carl Friedrich Zöllner

Ich bin ein Musikante

Einer: Ich bin ein Mu - si - kan - te und komm aus Schwa - ben - land.
Alle: Wir sind auch Mu - si - kan - ten und komm'n aus Schwa - ben - land.

Einer ... Alle

1.–4. Ich kann auch bla - sen, wir kön - nen auch bla - sen

Einer ... Alle

die Trom - pe - te, die Trom - pe - te:

tä - rä - tä - tä - tä - tä - tä - tä, tä - tä - tä,

tä - tä - tä, tä - rä - tä - tä - tä - tä - tä - tä, tä - tä - tä, tä.

2. Ich kann auch spielen,
   Wir können auch spielen die Violine.

3. Ich kann auch schlagen,
   Wir können auch schlagen die große Trommel.

4. Ich kann auch spielen,
   Wir können auch spielen die kleine Flöte.

40

I fahr mit der Post

I fahr, i fahr, i fahr mit der Post.

Fahr mit der Schne - cken - post, wo's mich kein' Kreu - zer kost', i

fahr, i fahr, i fahr mit der Post.

Text und Melodie: aus Österreich (Posthornsignal)

Trara! Die Post ist da!

1.–3. Tra - ra! Die Post ist da! Tra - ra! Die Post ist da! 1. Von

wei - tem hört man schon den Ton, sein Liedchen bläst der Pos - til - lon, er

bläst mit star - ker Keh - le, er bläst aus vol - ler See - le. 1.–3. Die

Post ist da! Tra - ra tra - ra! Die Post ist da! Tra - ra!

2. Geduld, Geduld, gleich pack ich aus,
Dann kriegt ein jeder in sein Haus
Die Briefe und die Päckchen,
Die Schachteln und die Säckchen.

3. Und wenn ihr's jetzt schon wissen müsst:
Der Onkel hat euch schön gegrüßt,
Wohl tausend Mal und drüber,
bald kommt er selbst herüber.

Text: Rudolf Löwenstein
Melodie: volkstümlich

Muss i denn, muss i denn

Muss i denn, muss i denn zum Städ - te - le 'naus,
Wenn i komm, wenn i komm, wenn i wie - de - rum komm,

Städ - te - le 'naus und du, mein Schatz, bleibst hier?
wie - de - rum komm, kehr i ein, mein Schatz, bei dir.

Kann i glei net all - weil bei dir sein, han i

doch mei Freud an dir! Wenn i komm, wenn i komm, wenn i

wie-de-rum komm, wie-de-rum komm, kehr i ein, mein Schatz, bei dir.

2. Wie du weinst, wie du weinst,
dass i wandere muss, wandere muss
wie wenn d' Lieb jetzt wär vorbei;
sind au drauß, sind au drauß
der Mädele viel, Mädele viel,
lieber Schatz, i bleib dir treu.
Denk du net, wenn i ein' andre seh,
so sei mein Lieb vorbei;
sind au drauß, sind au drauß
der Mädele viel, Mädele viel,
lieber Schatz, i bleib dir treu.

3. Übers Jahr, übers Jahr, wenn mer
Träubele schneidn, Träubele schneidn,
stell i hier mi wiedrum ein;
bin i dann, bin i dann
dein Schätzele noch, Schätzele noch,
so soll die Hochzeit sein.
Übers Jahr, do ist mei Zeit vorbei,
do g'hör i mein und dein;
bin i dann, bin i dann
dein Schätzele noch, Schätzele noch,
so soll die Hochzeit sein.

Text und Melodie: aus Schwaben

Jetzt fahrn wir übern See

Jetzt fahrn wir übern See, übern See, jetzt fahrn wir übern

See, mit einer hölzern Wurzel*, Wurzel, Wurzel, Wurzel, mit

einer hölzern Wurzel, kein Ruder war nicht dran.

2. Und als wir drüber warn,
   Da sangen alle Vöglein,
   Der helle Tag brach an.

3. Der Jäger blies ins Horn.
   Da bliesen alle Jäger,
   Ein jeder in sein Horn.

4. Das Liedlein, das ist aus.
   Und wer das Lied nicht singen kann,
   Der fang's von vorne an.

*Wurzel = Waidzille = Jagdkahn

Text und Melodie: aus Nordböhmen (Hopfenpflückerlied)

Hänschen klein

Häns-chen klein geht al - lein in die wei - te Welt hi - nein,

Stock und Hut steht ihm gut, ist ja wohl - ge - mut.

A - ber Mut - ter wei - net sehr, hat ja nun kein Häns-chen mehr.

Da be - sinnt sich das Kind, kehrt nach Haus ge - schwind.

Text: H. A. Kampe
Melodie: volkstümlich

Ri-ra-rutsch

Ri - ra - rutsch, wir fah - ren mit der Kutsch'! Wir

fah - ren mit der Schne - cken - post, wo es kei - nen Kreu - zer kost'.

Ri - ra - rutsch, wir fah - ren mit der Kutsch'.

Zwei Kinder gehen singend in Kreuzhandfassung vorwärts.
Am Ende einer Phrase wird halb herum in die Gegenrichtung gedreht;
Handfassung nicht lösen!

Es tanzt ein
Bi-Ba-Butzemann

Backe, backe Kuchen

Backe, backe Kuchen, der Bäcker hat gerufen!

Wer will guten Kuchen backen, der muss haben sieben Sachen:

Ei - er und Schmalz, But - ter und Salz, Milch und Mehl,

Saf - ran macht den Kuchen gehl. Schieb, schieb in'n O - fen 'nein!

Text und Melodie: aus Sachsen und Thüringen

Brüderchen, komm tanz mit mir

Brü - der - chen, komm tanz mit mir, bei - de Hän - de reich ich dir!

Ein - mal hin, ein - mal her, rund - he - rum, das ist nicht schwer.

2. Mit den Händchen klipp, klipp, klapp,
   Mit den Füßchen tripp, tripp, trapp!

3. Mit dem Köpfchen nick, nick, nick,
   Mit dem Fingerchen tick, tick, tick!

Die Tanzausführung entspricht dem Textinhalt:

1. Strophe:
aufeinander zugehen; Hände reichen; ein Nachstellschritt rechts;
ein Nachstellschritt links; Kreisdrehung.

2. Strophe:
in die Hände klatschen; stampfen; Nachstellschritt rechts ...

3. Strophe:
mit dem Kopf nicken; mit dem Finger den Partner antippen;
Nachstellschritt rechts ...

Text: Adelheid Wette
Melodie: aus Thüringen

Ringel, Ringel, Reihe

Rin - gel, Rin - gel, Rei - he, sind der Kin - der drei - e,

sit - zen un - term Hol - der - busch, ma - chen al - le husch, husch, husch.

2. Ringel, Rangel, Rosen,
   Gelbe Aprikosen,
   Veilchen blau, Vergissmeinnicht,
   Alle Kinder setzen sich.

Text: aus »Des Knaben Wunderhorn«
Melodie: volkstümlich (Spiellied)

Häschen in der Grube

Häs - chen in der Gru - be saß und schlief,
saß und schlief. »Ar - mes Häs - chen, bist du krank,
dass du nicht mehr hüp - fen kannst? Häs - chen, hüpf!
Häs - chen, hüpf! Häs - chen, hüpf!«

2. »Häschen, vor dem Hunde
   Hüte dich, hüte dich!«
   Hat gar einen scharfen Zahn,
   Packt damit das Häschen an.

Text: Friedrich Fröbel
Melodie: Karl Enslin

Taler, Taler, du musst wandern

Ta - ler, Ta - ler, du musst wan - dern von der

ei - nen Hand zur an - dern. Das ist schön, das ist

schön, Ta - ler, lass dich nur nicht sehn.

Die Kinder stehen oder sitzen im Kreis eng nebeneinander und halten die Hände auf dem Rücken. Ein Kind steht oder sitzt in der Mitte des Kreises. Die Kinder reichen heimlich einen kleinen Gegenstand herum und singen dazu. Das Kind in der Mitte muss herausbekommen, wo sich der Gegenstand gerade befindet. Wird der Gegenstand bei einem Kind gefunden, dann muss dieses Kind in den Kreis.

Wer will fleißige Handwerker sehn?

1.–8. Wer will flei-ßi-ge Hand-wer-ker sehn, der muss zu uns Kin-dern gehn. 1. Stein auf Stein, Stein auf Stein, das Häus-chen wird bald fer-tig sein.

2. O wie fein, o wie fein,
   Der Glaser setzt die Scheiben ein.

3. Tauchet ein, tauchet ein,
   Der Maler streicht die Wände fein.

4. Zisch, zisch, zisch, zisch, zisch, zisch,
   Der Tischler hobelt glatt den Tisch.

5. Poch, poch, poch, poch, poch, poch,
   Der Schuster schustert zu das Loch.

6. Stich, stich, stich, stich, stich, stich,
   Der Schneider näht ein Kleid für mich.

7. Rühre ein, rühre ein,
   Der Kuchen wird bald fertig sein.

8. Trapp, trapp drein, trapp, trapp drein,
   Jetzt gehn wir von der Arbeit heim.

Die Kinder bilden einen Kreis und machen die zu jeder Strophe passende Handbewegung.

Spannenlanger Hansel

Span-nen-lan - ger Han-sel, nu - del-di - cke Dirn,
gehn wir in den Gar-ten, schüt-teln wir die Birn'.

Schüt-tel ich die gro - ßen, schüt-tel ich die klein',

wenn das Säck - lein voll ist, gehn wir wie - der heim.

2. Lauf doch nicht so schnelle, spannenlanger Hans!
   Ich verlier die Birnen und die Schuh noch ganz.
   »Trägst ja nur die kleinen, nudeldicke Dirn,
   Und ich schlepp den schweren Sack mit den großen Birn'.«

Zeigt her eure Füßchen

1.–9. Zeigt her eu - re Füß - chen, zeigt her eu - re Schuh' und

se - het den flei - ßi - gen Wasch - frau - en zu.

1. Sie wa - schen, sie wa - schen, sie wa-schen den gan - zen Tag.

2. Sie wringen ...

3. Sie hängen ...

4. Sie legen ...

5. Sie rollen ...

6. Sie plätten ...

7. Sie ruhen ...

8. Sie klatschen ...

9. Sie tanzen ...

Text: Albert Methfessel
Melodie: volkstümlich

Mein Hut, der hat drei Ecken

Mein Hut, der hat drei E-cken, drei E-cken hat mein
Hut, und hätt er nicht drei E-cken, dann wär er nicht mein
Hut. Mein Hut, der hat drei E-cken, drei
E-cken hat mein Hut, und hätt er nicht drei
E-cken, dann wär er auch nicht mein Hut.

Melodie: Neapolitanische Canzonetta »O cara mamma mia«

62

Der Uhren-Kanon

1.
Gro - ße Uh - ren ge - hen tick tack tick tack,

2.
klei - ne Uh - ren ge - hen: ti - cke ta - cke ti - cke ta - cke,

3.
und die klei - nen Ta - schen - uh - ren: ti - cke ta - cke ti - cke ta - cke tick!

Text und Melodie: Karl Karow
Kanon zu 3 Stimmen

Laurentia

Lau - ren - tia, lie - be Lau - ren - tia mein, wann
wer - den wir wie - der bei - sam - men sein? Am Mon -
tag. Ach, wenn es doch al - le - zeit Mon - tag wär und
ich bei mei - ner Lau - ren - tia wär, Lau - ren - tia wär.

* mit allen Wochentagen wiederholen (Kreisspiel)

Es tanzt ein Bi-Ba-Butzemann

Es tanzt ein Bi - Ba - But - ze - mann in un - serm Haus he -

1. rum, di - del - dum, es rum. 2. Er rüt - telt sich, er

schüt - telt sich, er wirft sein Säck - chen hin - ter sich. Es

tanzt ein Bi - Ba - But - ze - mann in un - serm Haus he - rum.

Die Kinder bilden einen Kreis und singen. Ein Kind hüpft als »Butzemann« im Rücken der Kinder um den Kreis herum. Als Säcklein benutzt der »Butzemann« ein geknotetes Tuch, das er möglichst heimlich hinter einem Kind abwirft. Schnell hüpft er dann weiter, um einmal um den ganzen Kreis zu kommen, bevor das betreffende Kind das abgeworfene Tuch bemerkt. Gelingt es, muss dieses Kind den »Butzemann« spielen.

Text: aus »Des Knaben Wunderhorn«
Melodie: Wenzel Müller

Widewidewenne

1.–5. Wi - de wi - de wen - ne heißt mei - ne Put - hen - ne. 1. Kann nicht ruhn heißt mein Huhn, Wa - ckel - schwanz heißt mei - ne Gans. 1.–5. Wi - de wi - de wen - ne heißt mei - ne Put - hen - ne.

2. Schwarz und weiß heißt meine Geiß,
   Kurzebein heißt mein Schwein.

3. Ehrenwert heißt mein Pferd.
   Gute Muh heißt meine Kuh.

4. Wettermann heißt mein Hahn.
   Kunterbunt heißt mein Hund.

5. Leberecht heißt mein Knecht,
   Spätbetagt heißt meine Magd.

Text und Melodie: aus Holstein

Lirum, larum, Löffelstiel

Dornröschen war ein schönes Kind

Dorn - rös - chen war ein schö - nes Kind,
schö - nes Kind, schö - nes Kind, Dorn - rös - chen war ein
schö - nes Kind, schö - nes Kind.

2. Dornröschen, nimm dich ja in Acht, ...

3. Da kam die böse Fee herein, ...

4. »Dornröschen, schlafe hundert Jahr', ...«

5. Da wuchs die Hecke riesengroß, ...

6. Da kam der junge Königssohn, ...

7. »Dornröschen, wache wieder auf, ...«

8. Da feierten sie das Hochzeitsfest, ...

9. Da jubelte das ganze Volk, ...

Die Kinder bilden zwei konzentrische Kreise. Der innere Kreis stellt das Hofgesinde dar. In der Mitte steht das Dornröschen. Außerhalb der Kreise stehen: die böse Fee und der Königssohn. Nun werden alle Strophen pantomimisch dargestellt.

Text und Melodie: aus Kassel (Spiellied)

Drei Chinesen mit dem Kontrabass

Drei Chi - ne - sen mit dem Kon-tra-bass sa - ßen auf der Stra - ße und er -
zähl - ten sich was. Kam ein Po - li - zist: »Ja, was
ist denn das?« Drei Chi - ne - sen mit dem Kon - tra - bass.

2. Dra Chanasan mat dam Kantrabass
   Saßan af dar Straßa and arzahltan sach was.
   Kam an Palazast: »Ja, was ast dann das?«
   »Dra Chanasan mat dam Kantrabass.«

3. Dre Chenesen met dem Kentrebess
   Seßen ef der Streße end erzehlten sech wes.
   Kem en Pelezest: »Je, wes est denn des?«
   »Dre Chenesen met dem Kentrebess.«

4. Dri Chinisin mit dim Kintribiss
   Sißin if dir Strißi ind irzihltin sich wis.
   Kim in Pilizist: »Ji, wis ist dinn dis?«
   »Dri Chinisin mit dim Kintribiss.«

5. Dro Chonoson mot dom Kontroboss
   Soßon of dor Stroßo ond orzohlton soch wos.
   Kom on Polozost: »Jo, wos ost donn dos?«
   »Dro Chonoson mot dom Kontroboss.«

6. Dru Chunusun mut dum Kuntrubuss
   Sußun uf dur Strußu und urzuhltun such wus.
   Kum un Puluzust: »Ju, wus ust dunn dus?«
   »Dru Chunusun mut dum Kuntrubuss.«

Hopp, hopp, hopp!

Hopp, hopp, hopp! Pferd-chen, lauf Ga - lopp!

Ü - ber Stock und ü - ber Stei-ne, a - ber brich dir nicht die Bei-ne!

Hopp, hopp, hopp, hopp, hopp! Pferd-chen, lauf Ga - lopp!

2. Tip, tip, tap! Wirf mich nur nicht ab!
Zähme deine wilden Triebe,
Pferdchen, tu es mir zuliebe:
Tip, tip, tip, tip, tap!
Wirf mich nur nicht ab!

3. Brr, brr, he! Steh doch, Pferdchen, steh!
Sollst schon heut noch weiterspringen,
Muss dir nur erst Futter bringen.
Brr, brr, brr, brr, he!
Steh doch, Pferdchen, steh!

Text: Carl Hahn
Melodie: Carl Gottlieb Hering

Regen-, Regentröpfchen

Re-gen, Re-gen - tröpf-chen, fall mir auf mein Köpf-chen,

fall mir nicht da - ne-ben, dass ich lang soll le - ben.

Fuchs, du hast die Gans gestohlen

Fuchs, du hast die Gans ge-stoh-len, gib sie wie-der her,

gib sie wie-der her, sonst wird dich der Jä-ger ho-len

mit dem Schieß-ge-wehr,_____ sonst wird dich der

Jä-ger ho-len mit dem Schieß-ge-wehr.

2. Liebes Füchslein, lass dir raten,
   Sei doch nur kein Dieb;
   Nimm, du brauchst nicht Gänsebraten,
   mit der Maus vorlieb.

Text: Ernst Anschütz
Melodie: volkstümlich

Hänsel und Gretel

Hän - sel und Gre - tel ver - lie - fen sich im Wald.

's war schon so fins - ter und auch so bit - ter kalt. Sie

ka - men an ein Häus - chen von Pfef - fer - ku - chen fein:

Wer mag der Herr wohl in die - sem Häus-chen sein?

2. Hu, hu, da schaut eine alte Hex' heraus,
   Lockt gleich die Kinder ins Pfefferkuchenhaus.
   Sie stellte sich gar freundlich, o Hänsel, welche Not!
   Ihn wollt sie braten im Ofen braun wie Brot.

3. Doch als die Hexe zum Ofen schaut hinein,
   Stießen hinein sie der Hans und 's Gretelein.
   Die Hexe musste braten, die Kinder gehn nach Haus.
   Nun ist das Märchen von Hans und Gretel aus.

Heißa, Kathreinerle

Hei - ßa Kath - rei - ner - le, schnür dir die Schuh',

schürz dir dein Rö - cke - le, gönn dir kein' Ruh!

Didl, dudl, dodl, schrumm, schrumm, schrumm, geht schon der

Hop - ser rum. Hei - ßa Kath - rei - ner - le, frisch im - mer - zu!

2. Dreh wie ein Rädele flink dich im Tanz!
   Fliegen die Zöpfele, wirbelt der Kranz.
   Didl, dudl, dodl, schrumm, schrumm, schrumm,
   Lustig im Kreis herum
   Dreh dich, mein Mädel, im festlichen Glanz.

3. Heute heißt's lustig sein, morgen ist's aus!
   Sinket der Lichterschein, gehn wir nach Haus.
   Didl, dudl, dodl, schrumm, schrumm, schrumm,
   Morgen mit viel Gebrumm
   Fegt die Frau Wirtin den Tanzboden aus.

Text und Melodie: aus dem Elsass (Tanzlied)

Summ, summ, summ

1.–3. Summ, summ, summ, Bien - chen, summ he - rum.

1. Ei, wir tun dir nichts zu Lei - de, flieg nur aus in Wald und Hei - de.

1.–3. Summ, summ, summ, Bien - chen, summ he - rum!

2. Such in Blumen, such in Blümchen
   Dir ein Tröpfchen, dir ein Krümchen.

3. Kehre heim mit reicher Habe,
   Bau uns manche volle Wabe.

Text: Heinrich Hoffmann von Fallersleben
Melodie: aus Böhmen

Lirum, larum, Löffelstiel

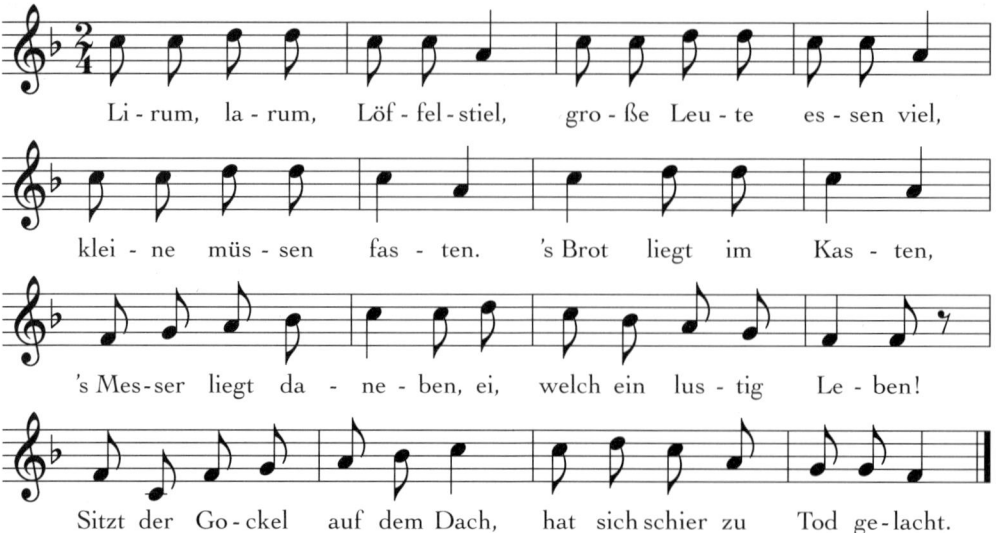

Li - rum, la - rum, Löf - fel - stiel, gro - ße Leu - te es - sen viel,

klei - ne müs - sen fas - ten. 's Brot liegt im Kas - ten,

's Mes - ser liegt da - ne - ben, ei, welch ein lus - tig Le - ben!

Sitzt der Go - ckel auf dem Dach, hat sich schier zu Tod ge - lacht.

Text: aus »Des Knaben Wunderhorn«
Melodie: volkstümlich

Petersilie, Suppenkraut

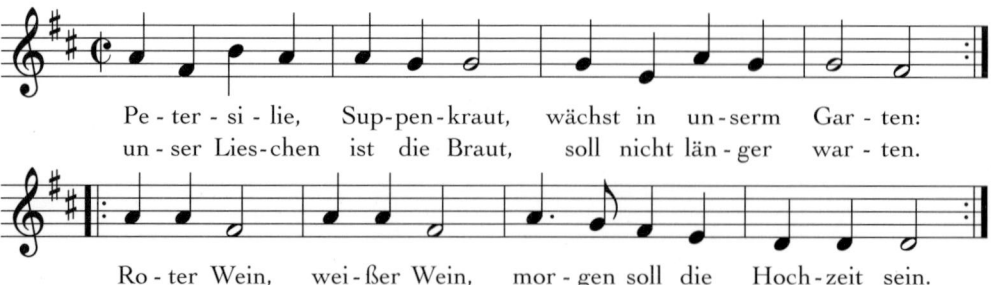

Pe - ter - si - lie, Sup - pen - kraut, wächst in un - serm Gar - ten:
un - ser Lies - chen ist die Braut, soll nicht län - ger war - ten.

Ro - ter Wein, wei - ßer Wein, mor - gen soll die Hoch - zeit sein.

Die Kinder halten sich an den Händen und gehen singend im Kreis. Ein Junge tritt in die Mitte des Kreises und sucht sich ein Mädchen als Braut aus. Statt »Lieschen« wird dann der Name dieses Mädchens gesungen. Der Junge geht mit seiner »Braut« in die Mitte und schreitet mit ihr bei den letzten Takten in entgegengesetzter Richtung im Kreis wie die singenden Kinder.

Suse, liebe Suse, was raschelt im Stroh

Su - se, lie - be Su - se, was ra - schelt im Stroh? Das
sind die lie - ben Gäns - lein, die hab'n kei - ne Schuh'. Der
Schus - ter hat's Le - der, kein' Leis - ten da - zu, drum
kann er den Gäns - lein auch ma - chen kein' Schuh'.

2. Eia popeia, das ist eine Not!
   Wer schenkt mir einen Heller zu Butter und Brot?
   Verkauf ich mein Bettchen und leg mich auf Stroh,
   Da sticht mich kein' Feder und beißt mich kein Floh.

Text: aus »Des Knaben Wunderhorn«
Melodie: volkstümlich

Gretel, Pastetel

(1.)   (2.)

Gre - tel, Pas - te - tel, was ma - chen die Gäns'? Sie
sit - zen im Was - ser und wa - schen die Schwänz'.

2. Gretel, Pastetel, was macht eure Kuh?
   Sie stehet im Stalle und macht immer »muh«.

3. Gretel, Pastetel, was macht euer Hahn?
   Er sitzt auf der Mauer und kräht, was er kann.

Als Kanon oder als Frage- und Antwort-Spiel zu singen

Ein Männlein steht im Walde

Ein Männ-lein steht im Wal-de ganz still und stumm, es

hat von lau-ter Pur-pur ein Mänt-lein um.

Sagt, wer mag das Männ-lein sein, das da steht im Wald al-lein

mit dem pur-pur-ro-ten Män-te-lein?

2. Das Männlein steht im Walde auf einem Bein,
   Es hat auf seinem Kopf ein schwarz Käpplein klein.
   Sagt, wer mag das Männlein sein,
   Das da steht im Wald allein
   Mit dem kleinen schwarzen Käppelein?

Des Rätsels Lösung: die Hagebutte

Text: Heinrich Hoffmann von Fallersleben
Melodie: vom Niederrhein

Inhalt in alphabetischer Reihenfolge